SOCIÉTÉ

DES

BIBLIOPHILES NORMANDS.

N° 57.

—

MINISTÈRE DE L'INSTRUCTION PUBLIQUE.

MÉMOIRE
SUR
LA MUSIQUE A L'ABBAYE DE FÉCAMP
REPRODUCTION D'UN MANUSCRIT INÉDIT
DE
DOM GUILLAUME FILLASTRE
AVEC UNE INTRODUCTION
PAR
L'ABBÉ JULIEN LOTH

ROUEN
IMPRIMERIE DE HENRY BOISSEL

M.DCCC.LXXIX.

INTRODUCTION

Le manuscrit que nous publions ici pour la première fois est un des rares documents originaux que possède la Normandie sur l'état de l'art musical avant l'époque moderne. Bien qu'il ne concerne que l'abbaye de Fécamp, il fournira à ceux qui étudient sérieusement l'histoire de la musique en France des renseignements précieux et authentiques assurément peu connus. Il renferme aussi sur la vie intime de ces grandes abbayes, qui furent pendant de longs siècles les foyers principaux de la civilisation, des lettres et des arts, des détails pleins de charmes et d'édification. Il met surtout en relief ce mérite des abbayes — reconnu maintenant par les hommes qui ont la connaissance du passé — d'avoir compris l'instruction de la jeunesse et le soin des écoles populaires et gratuites parmi leurs plus chères et leurs plus impérieuses obligations. Les faits du plus haut intérêt consignés dans ce document, en venant s'ajouter, avec sincérité et autorité, aux témoignages recueillis maintenant de toutes parts par l'érudition contemporaine, confirment une fois de plus sur ce point les conclusions de l'histoire.

Ce manuscrit, remis par M. Marcel à la Société des Bibliophiles normands, qui a bien voulu m'en confier l'édition, ne portant pas le nom de son auteur, a excité longtemps nos recherches. Comme il témoigne d'une science profonde, d'une érudition puisée aux sources, il ne pouvait être que l'œuvre d'un de ces bénédictins éminents que Fécamp possédait dans la seconde moitié du xviie siècle. Mais quel était ce bénédictin? Le champ des conjectures était vaste. Toutefois on pouvait supposer qu'il avait été écrit plutôt par le maître de musique que par tout autre. Or, le maître de musique à cette époque, et pendant quarante ans à Fécamp, n'était autre que le célèbre Dom Guillaume Fillastre (1).

(1) Nous publions comme preuve entre bien d'autres la délibération suivante :

LA RECEPTE DU SIEUR M..., MUSICIEN.

« Le 2me Jour d'Aoust 1689 le R Père Dom François Enguehard soubprieur de ce monastère ayant assemblé les seniors leur a representé qu'il y a fort long temps que n^{tre} musique manquant de haulte conde (contre) que son estant présenté quelques uns ont peu duré et estoient peu de mise, que mesme on en a cherché à Paris, et que le P. D. Guillaume Fillastre y estant pour lors n'en a peu ren-

INTRODUCTION.

Nous en étions là de nos suppositions lorsque M. de Beaurepaire, le plus savant et le plus aimable des archivistes, ayant examiné très attentivement l'écriture du manuscrit, déclara qu'elle ne lui était pas étrangère, et qu'il l'avait rencontrée dans les archives de l'abbaye de Fécamp. Il procéda à un examen minutieux, et quelle ne fut pas notre joie de voir que le manuscrit était bien de l'écriture de Dom Fillastre. Ce savant religieux avait rédigé, en qualité de secrétaire, les délibérations des *senieurs* de l'abbaye, pendant l'année 1688.

M. de Beaurepaire et moi avons comparé les pages du registre des délibérations écrites et signées par Dom Fillastre, et nous avons trouvé une identité parfaite, évidente, entre l'écriture, les abréviations, l'orthographe

---

contrer ny trouver aucun recevable tant qu'ils sont rares, qu'il se presenta le sieur M... jadis haulte conde d'icy qui de son temps s'en est bien acquité, mais qui avoit esté renvoyé à cause de sa vie qui lui donnoit mauvais renom, cependant ayant promis changement de vie, et en ayant communiqué au R. P. 'rieur, et D. GUILL. FILLASTRE MAISTRE DE LA MUSIQUE lesquels seroient d'advis qu'on le receut, le R. P. soubp' et les senieurs moyennant un vray changement de vie, et qu'il feroit venir de Caen à Fescamp sa femme et ses enfans pour demeurer ensemble sans scandale, moyennant aussy les mesmes prix et conditions qu'il avoit cy devant. En foy de quoy j'ay dressé le présent acte les jour et an que dessus

F. GUILLAUME TRABOUILLET.

de ces pages et notre précieux manuscrit. Après cette épreuve contrôlée plusieurs fois par M. de Beaurepaire, avec l'expérience consommée qu'il a de la paléographie, le doute n'est pas possible. Nous possédons un manuscrit original, un des rares manuscrits échappés à la destruction volontaire que fit Dom Fillastre, comme nous le dirons plus loin, de toutes ses œuvres, à son lit de mort. Les érudits comprendront toute l'importance de notre découverte. Le nom de l'auteur, dont nous rappellerons à la fin de cette étude les œuvres et les éminents services, ajoute encore, s'il se peut, à la valeur intrinsèque du mémoire dont va s'enrichir notre Société. Ce nom lui assure une place d'honneur dans nos publications, et le rendra deux fois cher aux amis de l'histoire normande. Quant aux érudits étrangers à notre province, si ce document leur tombe sous les yeux, nous ne craignons pas de dire qu'il sera hautement apprécié des connaisseurs. Ils y trouveront, sur l'histoire de la musique religieuse et celle de l'enseignement public en France, des faits et des observations d'une valeur incontestable. Il soulève en particulier une question importante, celle de l'origine de la musique proprement dite et de son introduction dans nos églises, que nous allons exposer nous-même, pour l'intelligence parfaite de notre manuscrit, dans une brève dissertation.

I.

La Musique proprement dite ne fut introduite dans nos églises qu'au xive siècle, vers l'année 1330. C'est l'opinion des plus savants auteurs, et en particulier de Dom Liron, dans ses *Singularités historiques et littéraires* (1). Ce savant bénédictin cite à l'appui un décret du pape Jean XXII, élu l'an 1316, et mort en 1334. Comme cette preuve est décisive, il convient de la transcrire ici :

« Nonnulli, dit le Pontife, NOVELLÆ SCHOLÆ discipuli, dum temporibus mensurandis invigilant, novis notis intendunt : fingere suas quam antiquas cantare malunt : nam melodias hoquetis intersecant, discantibus lubricant, triplis et motetis vulgaribus nonnunquam inculcant, adeo ut interdum Antiphonarii et Gradualis fundamenta despiciant, ignorent super quo ædificant, tonos nesciant quos non discernunt, immo confundunt. Cum ex earum multitudine notarum ascensiones pudicæ, descensionesque temperatæ, plani cantus, quibus toni ipsi secernuntur, ad invicem obfuscentur.. Hoc ideo dudum nos, hoc relegare immo prorsus abjicere, et ab eadem Ecclesia Dei profligare efficacius properamus. »

« Jean XXII, ajoute Dom Liron, travailla en vain. La

---
(1) Tome III, p. 232 et suiv.

musique étant entrée dans l'Eglise n'en a pu être chassée; au reste, le passage est très beau ; il fait voir que la musique n'a été introduite dans les églises que dans le xiv⁰ siècle, et que jusques-là on ne s'y servoit que du plain-chant : enfin, il marque très bien la différence du plain-chant et de la musique. »

En vain quelques écrivains prétendent tirer des vers de Venance Fortunat cités plus loin dans notre manuscrit la preuve que la musique était en usage, au vi⁰ siècle, dans l'Eglise de Paris. On ne peut induire de cette citation, et d'autres analogues, que ce seul fait, à savoir que l'usage s'était répandu de mêler aux voix des chantres le son des instruments. Ce fait paraît hors de doute. Le cardinal Bona constate que les cythares avaient été introduites dans les églises d'Afrique avant saint Augustin, et que le grand évêque dut en proscrire l'emploi à cause des abus auxquels ces instruments donnaient lieu.

« In Africa etiam cytharæ introductæ fuerant, et additæ sacris hymnis, quas tamen se agente pulsas scribit Augustinus. » (Bona de div. psalm. C IV.) Aigrade, dans la *Vie de saint Ansbert*, constate que du temps de ce Pontife, c'est-à-dire au vii⁰ siècle, on soutenait les chants religieux par des instruments à corde et par des flûtes. « Consueto more, diversa musicæ artis instrumenta in chordis et tibiis audiret personantia. » (Vit. S. Ansb. apud Mabill.)

Mais de cet accompagnement à l'unisson, il y a loin à l'harmonie proprement dite et à la musique.

Quant aux vers de Fortunat, « ils ne signifient autre chose, dit Dom Liron, que le mélange des voix graves des hommes et des vieillards, avec les voix douces et perçantes des enfans : c'est à quoi il faut réduire toutes les expressions poétiques de Fortunat (1). »

L'orgue remplaça, dans l'accompagnement du chant, les instruments à cordes et les flûtes, et l'on voit, d'après notre manuscrit, qu'au commencement du xi° siècle, l'abbaye était déjà en possession d'un orgue, ce qui permet à notre auteur d'affirmer que Fécamp fut le premier monastère en France où l'on employa à l'office divin ce royal instrument. Ce n'est pas sans quelque complaisance que Dom Fillastre relate ce fait à l'honneur de sa maison où s'acclimatèrent, comme dans un sol privilégié, tous les vrais progrès et les réformes utiles.

Dans le diocèse de Rouen, la musique ne fut admise dans les églises qu'au xv° siècle. La première mention que font les registres capitulaires d'un motet en musique chanté par la maîtrise, est du 22 mars 1444. C'était à l'occasion de la visite de la reine d'Angleterre dans notre

(1) *Singularités historiques*, tome I, p. 143.

cathédrale. On prit bientôt goût à ces essais, et le 1ᵉʳ septembre 1467, le maître de chapelle, Jean Quatreul, chanoine de l'église métropolitaine, reçoit du chapitre l'ordre d'enseigner la musique aux enfants. « Ministrabit eis doctrinam in musica. » — « On accueillit avec transport, dit M. l'abbé Langlois, les premiers essais de cet art enchanteur; » et il en cite des preuves manifestes.

L'essor imprimé à la musique alla croissant avec le xvıᵉ siècle, et les cardinaux d'Amboise, qui avaient le culte du beau dans toutes les branches de l'art, favorisèrent par leurs encouragements et leurs libéralités, le développement de l'art musical à Rouen et dans la Normandie. Ce fait est trop connu pour que nous y insistions.

M. l'abbé Langlois s'y est arrêté avec une complaisance bien légitime dans sa *Revue des Maîtres de chapelle et des Musiciens de la cathédrale de Rouen.* Georges II d'Amboise faisait don de 2,000 livres au chapitre pour augmenter le nombre des musiciens. Il correspondait à l'étranger pour découvrir les meilleurs artistes, et récompensait magnifiquement les œuvres musicales dont il savait apprécier le mérite. Ce fut une émulation générale. En Normandie, les abbayes voulurent rivaliser avec la métropole, comme en France les cathédrales s'efforçaient d'imiter la chapelle de la cour. Quand on voyait Henri II, Charles IX, Henri III se mêler aux chantres de la chapelle royale et exciter l'admiration par leur belle voix et leur goût délicat dans l'art de chanter, on se sentait entraîné à suivre de tels exemples. Partout des sociétés musicales se fondaient pour propager le culte du plus aimable des arts. Elles affirmaient hautement leur but religieux, comme le Puy de Sainte-Cécile, établi en 1570, à Evreux, dont les fondateurs « meuz de dévotion et du désir qu'ilz ont, que le service de l'église soit honorablement entretenu, et pour inviter ceulx qui viendront après eulx à mettre pène d'apprendre le d. art de musique, en l'honneur de Dieu et édification du peuple, » prenaient, pour arriver à ce but, les plus sages dispositions. Plus ancien encore était le Puy de Sainte-Cécile de Rouen, auquel Dom Pommeraye ne peut pas assigner de date certaine, tant son origine paraissait lointaine, et dont les statuts renouvelés en 1601, disent : « Les Princes et confrères de la confrairie, qui, en l'honneur de Dieu et de sainte Cécile, par une religieuse observation a été de LONG TEMPS solemnisée en l'église cathédrale de Notre-Dame de Rouen... » Nos artistes exécutaient alors les belles œuvres de Josquin Desprez, de Du Caurroy, de Claude de Sermisy. de Roland de Lassus qui formaient la première école française, école pleine de grâce, de fraîches et touchantes inspirations, sans rivale alors, puisque la grande école allemande était encore à naître Le xviie siècle ne fut pas moins propice à la musique d'église qu'aux autres branches de l'art, et lui assura, parmi toutes les œuvres splendides de génie littéraire et de goût artistique dont il a doté la France, et on peut le dire l'humanité, une place honorable. C'était le temps où Du Mont éditait chez Robert Ballard ses œuvres magistrales, où Chambonnière et l'illustre famille des Couperin traitaient en France l'orgue presque avec la même science et les mêmes succès que la grande race des Bach en Allemagne, où Guédron, Lully, Rameau, ces maîtres délicats et charmants, donnaient à la mélodie l'empreinte de notre esprit français, si clair et si limpide, et de notre cœur sensible et expansif. A Rouen, Jean Titelouze, chanoine et organiste de la cathédrale, illustrait pendant quarante ans de son merveilleux talent, célébré à l'envi par tous les contemporains, les offices de notre basilique. Il avait fait école. C'est lui qui avait fourni tant de virtuoses et d'artistes épris du bel art religieux et devaient en perpétuer les pures et austères traditions. Ses élèves, comme André Raison et Nicolas Gigault, devenus des maîtres à leur tour, tenaient les principales orgues de Paris. A ses côtés brillaient à Rouen des musiciens tels que François de Minorville, Michel et Germain Yart, Jacques Boivin, Jacques Lesueur, François Lalouette, secrétaire et collaborateur de Lully, Michel Lamy et d'autres dont M. Fétis n'a dédaigné ni les noms ni les œuvres. Que sont-elles devenues ces œuvres aujourd'hui oubliées, ces messes, ces motets, ces chœurs, ces symphonies, ces cantates, qui ont fait les délices du grand siècle? On les chercherait en vain dans la poussière des vieilles bibliothèques. Elles ont vraiment péri, même du souvenir des historiens. Fétis ne mentionne de Lesueur qu'une messe et une symphonie lugubre, exécutée en 1683 chez les dominicains de Rouen. Le Cerf de la Vieuville, qui préférait le *Miserere* de Lalouette à un volume de pièces italiennes, n'a pu nous dire sous quel toit hospitalier ces monuments d'art et d'inspiration ont trouvé un abri. La Révolution qui a respecté du moins les archives et la riche bibliothèque de notre chapitre a dispersé et anéanti toutes les partitions, amassées depuis des siècles, qui composaient le trésor artistique de notre maîtrise. Pas une feuille de musique n'a été sauvée! Pas un motet n'est resté de l'ancien répertoire! Comme tous ces maîtres modestes écrivaient leurs morceaux, et n'ont pas eu la pensée de les livrer à l'impression, se contentant de les conserver pour l'église à laquelle ils étaient destinés, nous n'avons plus qu'à pleurer sur une ruine irréparable, et à entourer leur souvenir du respect et de l'admiration qu'il mérite.

Il serait digne du zèle des bibliophiles normands de

rechercher activement ces anciennes partitions manuscrites, car elles n'ont pas été toutes détruites. Si elles ont disparu des archives de nos maîtrises, elles ont été recueillies, quelques-unes du moins, dans les collections particulières. Que de documents et de livres rares qu'on croyait à jamais perdus ont été retrouvés par ces infatigables chercheurs auxquels on ne rend pas assez justice, et qui sont les plus précieux auxiliaires des historiens ! Ce n'est pas à notre temps qui collectionne avec tant d'avidité et d'intelligence les débris du passé qu'il faut apprendre les bonnes fortunes de la patience et de la curiosité. En ce qui concerne l'ancien répertoire de notre maîtrise et les compositions des musiciens que notre école métropolitaine a formés, on pourra peut-être un jour, à force de recherches et de dévouement, remettre en lumière quelques-unes de leurs œuvres oubliées. Nous aimons à nous complaire dans cette espérance qui n'est pas sans fondement. Nous savons que M. Charles Vervoitte, l'un des maîtres de chapelle qui ont le plus honoré notre maîtrise, a formé une collection précieuse de musique manuscrite, recueillie dans ses voyages à travers la France.

M. Bachelet, le dernier conservateur de la bibliothèque de Rouen, qui unissait, comme Farin et Dom Fillastre, à la science de l'historien le goût musical le plus délicat et le plus exercé, a fait don récemment à la bibliothèque de notre ville d'une partie de sa collection de musique imprimée et manuscrite. Nous ne connaissons pas encore le catalogue de cette collection, mais nous croyons savoir qu'elle renferme des œuvres d'artistes normands, jusqu'ici inédites. D'autres collectionneurs érudits possèdent à Rouen et dans le département, des chœurs, symphonies, messes, psaumes et motets manuscrits. On pourrait, dès maintenant, dresser un inventaire des richesses musicales de notre pays échappées à la destruction. On y trouverait sans doute plusieurs des œuvres dont nous parlions tout à l'heure. Ce travail devrait tenter un de nos dévoués bibliophiles. Pourquoi ne ferait-on pas pour la musique normande ce qu'on a si bien et si amplement accompli pour la céramique rouennaise? Il y a là toute une mine à exploiter, et une restitution historique à entreprendre. Puissent nos vœux, qui sont ceux de tous les amis de l'art national, être entendus et recevoir un jour satisfaction !

Si l'on veut savoir avec quel soin et quelle libéralité étaient composées les maîtrises des grandes églises, il suffit d'interroger l'état, au xviie siècle, de la musique de la chapelle royale (1) qui servait de modèle et de type aux autres, toutes proportions gardées. Le maître *de la*

(1) *L'Etat de la France,* Paris, Osmont, 1702.

chapelle musique était l'archevêque de Reims, Claude-Maurice Le Tellier, premier pair ecclésiastique. Cette distinction, on le conçoit, n'était qu'honorifique, mais témoignait de l'importance qu'on attachait à la musique. Il y avait quatre maîtres de musique, servant par quartier : Michel Richard Delalande (deux quartiers), Pascal Colasse, Guillaume Minoret ; quatre organistes : François Couperin, Jean Bieterne, Guillaume-Gabriel Nevers, Nicolas Le Bègue. Le personnel de la chapelle était composé de chanteurs et d'instrumentistes.

Les chanteurs, ecclésiastiques et laïques, étaient répartis comme suit :

Hauts et bas-dessus, 9 laïques.
Hautes-contres, 4 ecclésiastiques, 14 laïques.
Hautes-tailles, 2 ecclésiastiques, 22 laïques.
Basses-tailles, 8 ecclésiastiques, 19 laïques.
Basses chantantes, 4 ecclésiastiques, 9 laïques.

Les chœurs étaient donc composés de 91 exécutants, auxquels il faut ajouter deux basses jouant du serpent.

Les instrumentistes, tous laïques, accompagnant les chœurs étaient répartis ainsi :

4 Dessus de violon.
2 Flûtes d'Allemagne.
3 Parties d'accompagnement, correspondant à l'alto moderne.

1 Basson.
1 Basse de cromorne.
4 Basses de violon (2 violoncelles, 2 contrebasses).

Soit seize musiciens qui composaient l'orchestre d'accompagnement tel que le réclamait l'état de la composition au xvii° siècle. L'orchestre n'avait alors d'autre mission que celle de seconder le chant auquel on laissait avec raison la première place.

La chapelle avait en outre six pages auxquels on enseignait le luth, deux fourriers qui devaient préparer les logements des musiciens dans les différents voyages de la chapelle royale, un imprimeur et un copiste.

Le xviii° siècle avait beaucoup ajouté au trésor des siècles précédents. Notre cathédrale avait à son service une pléiade de compositeurs, Michel Hermier, Henri Madin, Navet, Brauchart, Quemin, Philippe Abdé, Louis Fromental, tous maîtres de musique ou chanteurs et même simples clercs de notre maîtrise.

Jusqu'au dernier jour, notre école métropolitaine avait eu des maîtres éminents. Le dernier, Cordonnier, formait des élèves tels que Garat, Goulley et notre Boieldieu.

C'est un regret profond pour les amis de l'art religieux de ne pouvoir plus entendre les œuvres de tant d'artistes sérieux, chrétiens, pénétrés de la grandeur et de la sainteté de leur art, élevés à une école illustre, nourris des meilleures et des plus austères traditions, et dignes en tout point de les perpétuer. Sans médire assurément des compositeurs modernes de musique religieuse, tous ceux qui ont le goût du grand art, de l'art sérieux et classique, savent qu'on ne saurait comparer aux œuvres des maîtres de l'art religieux les compositions grêles, hâtives, maniérées de la plupart des artistes malheureux au théâtre qui écrivent aujourd'hui pour l'Eglise. La raison de l'infériorité actuelle est aisée à comprendre. Il manque aux compositeurs religieux la religion d'abord, la foi qui seule inspire les belles œuvres, la piété qui leur donne l'onction et la sincérité; il manque des écoles où la tradition des maîtres ait été conservée, où s'enseigne la science du contre-point, de la fugue, de la grande et forte composition.

Ces écoles ont été fermées à la Révolution, et malgré d'honorables tentatives, n'ont pas été rétablies sérieusement de nos jours.

C'est une raison pour nous de conserver précieusement le souvenir de celles qui ont été florissantes dans notre pays, et c'est à ce titre que l'école de l'abbaye de Fécamp dont notre manuscrit nous révèle l'existence et la prospérité a droit à la plus sérieuse attention.

II

La musique fut établie à l'abbaye de Fécamp par les soins et sous la glorieuse administration de l'abbé d'Etouteville, à peu près au même moment qu'à la cathédrale de Rouen, c'est-à-dire dans la première moitié du xv⁸ siècle. Le cardinal d'Etouteville remplaça les clercs et les prébendés par des musiciens et des enfants de chœur, et affecta à leur entretien des biens particuliers que notre auteur ne désigne pas.

Dans un mémoire de 1431, où il est question des fournitures faites aux enfants de chœur, on voit comment il était largement pourvu à leur habillement. Ils avaient des habits « pour tous les jours et d'autres pour les fêtes : des robbes, des chasperons, des collets, des houppelandes, des corsets, des chausses, des souliers. » Ils possédaient une maison et un jardin à leur usage. Ils avaient un maître de musique pris ordinairement parmi les religieux experts dans l'art musical, à leur défaut parmi les laïques d'un talent éprouvé. Leur budget s'élevait, en 1470, à 230 livres, somme alors assez considérable. Quant aux musiciens, ils étaient également bien pourvus, et lorsque l'abbaye tomba en commende, les dépenses pour la musique s'élevaient à près de 3,000 livres. Un règlement fait par le cardinal de Lorraine (1574-1601) portait même que ceux des religieux qui avaient de la voix iraient tous les jours à la maîtrise pour y apprendre la musique. Cet usage subsista jusqu'à l'introduction de la Réforme de Saint-Maur ; à cette époque, il y avait encore des novices qui apprenaient à chanter et à jouer de la viole, sous la direction de deux maîtres habiles amenés de Paris par le grand prieur, M. de Fontaines.

Nous devons ici relater un fait que notre auteur passe sous silence ; c'est que Fécamp emprunta plusieurs fois des maîtres de musique à la cathédrale de Rouen ; et il n'est pas téméraire d'avancer que notre maîtrise métropolitaine qui a fourni à la capitale de la France elle-même tant de virtuoses excellents, a puissamment contribué par ses maîtres à l'établissement et à la prospérité de la musique à Fécamp. Nous ne reproduisons ici qu'un document, mais il est décisif.

« 14 janvier 1426 (V. S.).

« Permission, sur la demande de l'abbé de Fécamp, à Nicolas Crasbouel, organiste de la cathédrale, de résider à Fécamp, pendant un mois ou six semaines, pour instruire les enfants dudit lieu de Fécamp à jouer des orgues, à condition d'être présent à la cathédrale le jour où l'on doit y jouer des orgues. » (Registres capitulaires).

Le mémoire de Dom Fillastre ne fait aucune allusion à cette intervention de notre maîtrise métropolitaine. Cet oubli peut se comprendre sous la plume d'un religieux préoccupé avant tout de la gloire de sa maison, mais nous sommes heureux de pouvoir le réparer.

La sollicitude dont on entourait la musique à Fécamp ne fut pas stérile. Notre auteur constate qu'elle avait « quelque réputation, soit pour les voix, soit pour les instruments, » quand la Réforme de saint Maur fut introduite dans l'abbaye (1649).

La Réforme fut peu favorable d'abord à la musique. Notre auteur raconte scrupuleusement les difficultés qu'elle eut à traverser. M. de la Poterie, maître de musique, fit parvenir ses plaintes au Prieur; les anciens s'adressèrent au chapitre général; on finit par leur donner satisfaction, tant pour la partie instrumentale que pour la partie vocale.

Lorsque Dom Fillastre fut nommé maître de la musique (1661) il la trouva établie sur un pied qui lui parut insuffisant, et il composa, pour lui rendre son ancien éclat et l'affermir sur des bases solides, le mémoire que nous publions aujourd'hui.

Disons de suite qu'il réussit pleinement, et que son œuvre fut respectée. En 1790, lorsque le Prieur Alexis Lemaire dressa l'inventaire de tous les biens de l'abbaye, la musique se composait encore des mêmes éléments que Dom Fillastre avait jugés nécessaires à sa prospérité. — Il y avait un maître de musique, un sous-maître, six enfants de chœur nourris et entretenus, et vingt musiciens, sans compter les religieux et les novices qui pouvaient prêter aux chœurs de chant le secours de leurs voix. Le tout coûtait à l'abbaye 6,808 livres chaque année. Le répertoire de musique était si considérable qu'on pouvait passer plusieurs années sans exécuter les mêmes morceaux (1). Ici encore nous pousserons la même plainte. Que sont devenus ces trésors de musique ? Où sont-ils ? La Révolution les a-t-elle brûlés, anéantis, ou dispersés sans retour ? Toutes ces belles compositions écloses à l'ombre du monastère, tous ces élans de piété, de foi, de prière et d'amour, ces graves et religieuses harmonies, ces œuvres d'une science profonde et d'une inspiration élevée, sont donc perdues pour jamais, et effacées même de la mémoire des hommes ! On ne saura jamais la masse de ruines, en tous genres, et dans toutes les branches de l'intelligence et de l'activité humaine,

---

(1) Inventaire de 1790 communiqué par M. Fallue à M. l'abbé Cochet.

que la Révolution a faites dans notre malheureux pays. Il nous plaît de penser que quelqu'une de ces partitions, une œuvre de Dom Fillastre peut-être, a échappé à la destruction ; et comprise parmi tant d'autres débris de nos monastères achetés par les Anglais, sert aujourd'hui encore, dans quelque antique couvent d'Irlande, à la louange de Dieu.

III

Un mot seulement sur l'auteur de notre manuscrit. Il mériterait une histoire, ce savant et admirable Bénédictin qui eut nom Guillaume Fillastre, et il n'a eu jusqu'ici que de courtes notices : l'une écrite par Dom Tassin, l'autre par l'abbé Cochet. Nous ne pouvons à propos d'une œuvre aussi modeste que ce mémoire, raconter cette noble vie. Rappelons-en brièvement quelques traits. Né dans une chaumière du Tilleul en 1684, Guillaume Fillastre eut une enfance aimable. Doué d'une belle voix, il chanta dès qu'il put parler, et comme il était l'enfant de chœur le plus accompli du Tilleul, le vicaire Roquelay en fit son élève et lui apprit tout ce qu'il savait lui-même. Sa science épuisée, il eut la bonne pensée de conduire son jeune disciple à l'abbaye de Fécamp. On y acheva son éducation littéraire et musicale. Guillaume ayant manifesté sa vocation religieuse, il fut envoyé comme novice à Saint-Faron de Meaux, Fécamp n'ayant pas de noviciat. Le 22 mai 1652, il était admis à prononcer ses vœux : il avait dix-huit ans.

Il revint de suite à Fécamp, où devait s'écouler toute sa vie. Il s'appliqua avec l'ardeur et la patience qui distinguaient son caractère à l'étude de la musique, du contrepoint et de l'harmonie principalement, et nul doute qu'il ne fût en état de composer alors qu'il n'était encore qu'un simple exécutant. Il passa par tous les degrés avant d'être appelé à diriger la maîtrise, comme maître de la musique. Il reçut cette charge jeune encore, à vingt-sept ans, et il la remplit, au témoignage du grave historien de la congrégation de Saint-Maur, avec la plus grande distinction, pendant quarante-cinq ans, c'est-à-dire jusqu'à sa mort. Il fut nommé aussi Bibliothécaire de Fécamp, et entoura de ses soins les plus assidus les six mille volumes et les nombreux manuscrits qui formaient le trésor littéraire de l'abbaye. Aimer le bel art de la musique, et aimer les livres, c'est être deux fois heureux. Ces deux amours se rencontrent dans certaines natures bien douées, et l'on pourrait en citer d'illustres exemples. Ils ont entre eux plus d'affinité qu'on le supposerait, car ils procèdent d'une délicatesse de sentiment et de goût par où s'avivent et se développent toutes les nobles aptitudes de l'âme. Nous ne pouvons oublier que nous avons eu, le premier, la bonne fortune de révéler que Farin, le consciencieux et érudit historien de Rouen, était un organiste de talent, et joignait, comme Dom Fillastre, à la passion de l'histoire celle du plus élevé et du plus suave des arts, la musique. Certains esprits qui s'estiment graves parce qu'ils sont lourds n'apprécieront pas peut-être ce mérite : il est grand et rare à notre gré.

Les natures inférieures, les esprits étroits et égoïstes, les cœurs secs n'apprécieront jamais la musique, la grande et belle musique classique, la seule dont on parle ici : c'est un criterium presque toujours infaillible pour le discernement des âmes. On pourrait modifier ainsi le vieux proverbe : dis-moi quelle est la musique de ton choix, et je te dirai qui tu es. Il n'est donné qu'aux âmes délicates et élevées, à celles qui sont malheureusement prédestinées à souffrir ici bas, de comprendre et de goûter la poésie, l'ineffable mélancolie du langage supérieur des sons.

Ce n'est pas ici le lieu de parler des travaux historiques et de la prodigieuse érudition de Dom Fillastre. On sait qu'il était l'ami, le correspondant, le collaborateur de Dom Mabillon. Quelques-unes des lettres que Dom Fillastre lui a écrites de Fécamp ont été jugées dignes de figurer dans les œuvres posthumes du grand annaliste des saints Bénédictins, et nous montrent quel cas Mabillon faisait des lumières et des conseils de son ami. Dom Guillaume Roussel, le docte traducteur des lettres de saint Jérôme, consultait Dom Fillastre comme un oracle. Il lui a rendu publiquement un témoignage qui nous dispense de tout autre éloge. « Je crois faire plaisir au lecteur, écrit Dom Roussel à la fin de sa traduction, d'ajouter ici les explications du R. P. Dom Fillastre, religieux de Fécamp, L'UN DES PLUS BEAUX GÉNIES ET DES PLUS SAVANS HOMMES QUE NOUS AYONS, et qui aurait brillé dans la république des lettres, si sa modestie ne l'avait pas porté à demeurer toujours caché sous le boisseau. » Voilà Dom Fillastre tout entier : savant et modeste. Les œuvres du savant sont considérables : elles ne sont pas, il est vrai, connues du gros public, mais Mabillon les avait en la plus haute estime.

La Société de l'Histoire de France, dans son Annuaire de 1840, n'a pas craint d'affirmer que Dom Fillastre a devancé son époque dans plusieurs de ses dissertations, et, avec son propre génie, a découvert sur les antiquités mythologiques des solutions que la science moderne n'a pu établir qu'à l'aide des monuments et des textes hiéroglyphiques.

Dom Fillastre a publié un in-folio (1695) intitulé :

Défense de l'Exemption et de la Juridiction de l'abbaye de Fécamp, pour servir de réponse à l'archevêque de Rouen. Il l'a fait par ordre de ses supérieurs. Il a enrichi les écrivains de sa congrégation du fruit de ses lectures et de ses recherches ; il a composé nombre d'ouvrages manuscrits, au témoignage de Dom Tassin. Et ces manuscrits, fils de ses veilles et de ses longs labeurs, tout remplis des ardeurs de la jeunesse, des pensées de l'âge mûr, des méditations de la vieillesse, la moelle de sa pensée, le meilleur de son âme, un jour vint où aux approches de la mort, par un acte de suprême humilité, rare dans l'histoire même des saints, il les livra aux flammes et les anéantit. Devant leurs cendres éteintes, Dom Guillaume Fillastre ne put retenir une larme (1), mais raffermissant son cœur, il offrit à Dieu ce sacrifice héroïque, comme le dernier témoignage d'un cœur qui l'avait animé uniquement ici-bas.

Le Mémoire qu'on va lire est un des rares documents qui ont échappé à cet holocauste. Dom Tassin nous assure que Dom Fillastre « était versé dans tous les genres de littérature. » La musique, qu'il avait professée et dirigée pendant quarante-cinq ans à Fécamp, ne lui était pas moins familière.

---

(1) *Revue de Rouen*, 1841, p. 289.

Le mémoire que nous reproduisons n'a cependant aucune prétention littéraire ni artistique. Rédigé pour être soumis à l'assemblée des *Sénieurs* de l'abbaye, il n'était pas destiné assurément à la publicité. Nous pensons même, en raison de ses incorrections de style et de ses répétitions de mots, qu'il n'avait pas reçu sa forme définitive ; mais malgré ces défauts très secondaires, nous estimons que cette œuvre d'érudition ne sera inutile ni aux historiens ni aux artistes.

Le souvenir de son auteur et sa touchante histoire l'entourent d'une légende poëtique; à tous ces titres, notre chère Société des Bibliophiles normands peut l'accueillir, parmi tant de publications dont l'histoire et les lettres lui sont déjà redevables, avec honneur et sympathie.

L'abbé Julien LOTH.

MÉMOIRES HISTORIQUES TOUCHANT L'ESTABLISSEMENT, AUGMENTATION, CONSERVATION ET ENTRETIEN DE LA MUSIQUE DEPUIS LA FONDATION DE L'ABBAYE DE FESCAMP JUSQUES A PRÉSENT.

Pour bien juger sur quel pied on doit entretenir la musique de ce monastère, il est à propos d'en rechercher l'establissement. D. Emilien de la Bigne, D. Gatien de Morillon et D. Robert Samuel aussi bien que le Père du Moutier le rapportent, après l'ancien catalogue de nos abbés, à Estode d'Etouteville 33 abbé. Mais ils remarquent qu'il ne fit que changer 12 clercs & 12 prébendez qui estoient nourris & entretenus par le monastère selon la fondation de Richard 2 en des musiciens & enfans de chœur, pour l'entretien desquels il acquit de nouveau autant de bien qu'il en estoit nécessaire. *Pro quorum victu & vestitu sufficientes reditus acquisiuit.* Mais pour donner plus de jour à cecy, il est bon de faire quelques remarques sur les divers états où l'on peut considérer la musique depuis la fondation du monastère jusques à présent.

*Remarques sur le premier Etat depuis la fondation
jusques à l'abbé d'Etoutteville.*

<small>Commencement de la musique à plusieurs parties vers le 15ᵉ siècle.</small>

La musique à plusieurs parties, telle qu'elle est à présent, n'est pas fort ancienne, n'ayant été inventée, ou plus tost introduite dans l'église que depuis deux ou trois siècles tout au plus, comme l'ont remarqué Glarran, Kircher & autres, qui en ont soigneusement recherché l'origine. Elle n'avoit point auparavant d'autre usage dans l'office divin que d'en régler le chant ordinaire. Ainsy cestoit estre musicien en ce temps-là que de sçavoir bien chanter les psaumes, les leçons & choses semblables. *Quid quid in lectionibus*

<small>Le chant ecclésiastique simple s'appeloit auparavant musique.</small>

decenter pronunciabitur, quid quid in psalmis suauiter modulamur itamusica scientia temperatur, ut per eam omne Dei seruitium impleatur. Raban Maur. L. 3. de *Inst. clericorum.* c. 24. Comme cette partie du culte divin est un des principaux exercices du ministère de l'Eglise, elle a eu toujours soin de choisir & d'eslever des personnes pour les rendre capables de s'acquitter dignement de cet employ.

<small>Chantres ordonnez par l'Eglise, & leurs qualités.</small>

Après les ordres sacrez, nous n'en trouvons pas de plus ancien que celuy de lecteur & de chantre ou psalmiste. Les canons des apôtres & des premiers conciles n'en marquent point d'autres. Celuy de Laodicée ne permet qu'à ceux-là de chanter dans l'églife. *Non oportet, præter eos qui canonice cantores exiſtunt, alios canere in eccleſia.* C. 15. Mais comme felon le concile d'Aix-la-Chapelle, *cantorem, ſicut traditum eſt a ſanctis patribus, & voce & arte præclarum eſſe opportet, ita ut per oblectamenta vocis animos incitet audientium,* & que d'ailleurs le chant eſtoit quelque choſe de très difficile auparavant que Guy d'Arèze l'euſt rendu plus aifé par fa méthode, Charlemagne ayant entrepris de faire revivre toutes les fciences que les guerres avoient prefque enfevelies foubs les ruines de l'empire romain, il les en retira, *& ſopitis eduxit cineribus*, comme dit Erric d'Auxerre, par le moyen des efcholes qu'il eftablit non feulement dans fon palais, mais encore par celles qu'il ordonna par fes capitulaires d'eftablir dans les evefchez & dans les abbayes, pour y eflever la jeuneffe dans les lettres, & particulièrement dans l'exercice du chant.

<small>Efcholes etablies dans les Eglifes épifcopales & abbatiales pour les inftruire.</small>

Cette ordonnance fut confirmée par les 2 conciles de Châlon fur Saône, en l'an 813, & exécutée dans le mefme temps par Théodulphe, évefque d'Orléans.

Louis le Débonnaire renouvella l'ordonnance de fon père au concile d'Aix-la-Chapelle en l'an 829. *In addit.* 2. C. 5. ayant efté prié par les pères du concile de Paris en la mefme année d'eftablir des efcholes publiques au moins en trois endroits de fon empire.

Charles-le-Chauve fit encor des conftitutions femblables à celles de fon père & de fon ayeul fur ce fujet, auffi bien que les conciles de fon temps, comme celuy de Meaux en l'année 845. c. 35. celuy de Savonnieres, proche Toul en 859. c. 10.

<small>Dans celle de Fefcamp à l'imitation de celle de Saint Grégoire, à Rome.</small>

Mais toutes ces ordonnances ayant été peu à peu négligées, noftre premier abbé le B. Guillaume fut un des plus zélés pour les remettre en pratique & un des plus capables pour les faire réuffir. Il eftoit ce qu'on appeloit en ce temps là parfait muficien. *Artificialis muficæ perdoctus ac comptus dogmate,* dit Glaber dans fa vie. c. 4.

C'eft ce qui luy avoit mérité la charge de capifchole dans l'églife de Paris. *Conftituitur diuini officii affiduus cuftos & fcholæ capitalis illius loci.* ibid c. 3.

La néceffité qu'il y avoit en toute la France & particulièrement en ce pays de clercs, quand il y vint eftablir la règle de faint Benoift à la follicitation de Richard fecond duc de Normandie, luy donna lieu d'y exercer fon zèle & fon talent ; & le premier fondateur luy en fournit le moyen, car il ne demandoit rien autre chofe que de contribuer à tout ce que le faint abbé jugeoit avantageux tant pour le bien de fa communauté que pour celuy de ceux qui luy appartenoient. *Monebat tam abbatem,* dit Glaber C. 10, *quam fratres ut ab illo peterent quicquid fuorum utilitati expedire noffent ut pote quoniam de hac re fecundum velle prouenerat ei & poffe.*

Il crut qu'il ne pouvoit prendre de mefures plus juftes pour le reftabliffement de la difcipline du chant eccléfiaftique que de fe régler fur celle qu'avoit autrefois pris S. Grégoire dans un femblable deffein. Ce grand pape voulant remettre le chant de l'Eglise dans sa perfection en corrigea premièrement les livres, et ensuitte fonda des escholes pour y élever des chantres, comme rapporte Iean Diacre dans sa vie. L. 2. C. 6 et luy mesme dans une de ses lettres.

C'est ce que fit nostre abbé à son imitation. *Quid quid in choris suorum tam in antiphonis quam responsoriis & hymnis psallebatur, corrigendo & emendando ad tantam direxit rectitudinem, ut nullis decentius ac rectius psallere contingat in tota ecclesia romana*, dit l'autheur de sa vie. C. 21.

Il ne se contenta pas de cela. *Præterea cernens vigilantissimus pater non solum illo in loco, sed etiam per totam prouinciam illam, verum etiam per totam Galliam, plebeis maxime, scientiam psallendi ac legendi deficere & annullari clericis instituit scholas sacri ministerii.*

Ces escholes eurent un si heureux succès qu'en peu de temps ceux de Fescamp se rendirent tous recommandables, non seulement par l'exécution, mais encore par la composition du chant, de sorte que Henry de Knygthon. L. 2 de *Euentibus Anglie* rapporte qu'environ l'an 1072 un certain *Turstinus*, abbé d'Angleterre, voulut faire quitter le chant Grégorien pour prendre celuy qu'un religieux de Fescamp, nommé Guillaume, avoit composé.

<small>Son heureux succès.</small>

Ces clercs, qui estoient ainsi instruits estoient nourris & entretenus aussi bien que les 12 prebendez aux dépens du monastère, mais avec cette différence que les 12 prébendez mangeoient non seulement à la seconde table comme le

<small>12 Élèves enseignés & nourris, aussi bien que 12 prébendez par le monastère.</small>

fondateur l'avoit ordonné, mais encore au réfectoire, ainsy qu'on le peut remarquer dans notre ancien rituel, où il est dit qu'après que l'abbé leur avoit lavé les pieds le Ieudy saint, *dabatur singulis, panis conuentualis, & alia sicut haberent in conuentu.* On les revestoit aussi en mesme temps de neuf, outre six aulnes de toiles, une de drap, une paire de souliers qu'on leur donnoit par manière d'aumone, comme on fait d'ordinaire après cette cérémonie.

<small>Les prében-dez dans le monastère.</small>

<small>Les clercs dehors.</small>

Mais pour les clercs ils vivoient hors le monastère, selon l'ancienne coutume de l'ordre, comme nous voyons dans *Ekeardus, de casibus monasterii sancti Galli*, ou les escholes des clercs sont appelées extérieures & celles des religieux claustrales. *Traduntur Marcello*, dit-il, *scholæ claustri... exteriores autem, idest canonicæ, Isoni.* Cela se pratiquoit de mesme dans les escholes episcopales. Celles de Notre-Dame de Paris estoient dans le parvis de cette église hors le cloistre proche l'Hostel-Dieu. Comme on peut remarquer par le fragment d'un titre de cette cathédrale, où il est parlé d'une maison *sita in paruiso subtus scholas. B. Mariæ contigua cuidam domui domus Dei.* Il n'estoit pas mesme permis aux chanoines qui enseignoient en particulier de loger leurs escholiers à cause d'un statut fait du temps de Thibauld, évesque de Paris, qui leur défendoit, soubs peine d'excommunication, de louer leurs maisons aux étrangers & d'un autre du temps de l'évesque Maurice, qui ordonne, en l'an 1198, qu'ils ne puissent pas mesme loger d'escholiers soubs peine d'être privés d'entrer au chœur & au chapitre.

Mais quoique les noſtres fuſſent ainſy logés hors le monaſtère ſelon cet uſage, ils ne laiſſoient pas d'en tirer leur ſubſiſtance, au moins pluſieurs de ceux qui eſtoient les plus pauvres. Comme le témoigne expreſſément Glaber. *Plures enim ex ipſis clericis e monaſteriis accipiebant victum.* C. 11.

Non ſeulement on recevoit dans ces eſcholes tous ceux qui ſe préſentoient, *quin etiam*, adjouſte le meſme autheur, *tam ſeruis quam liberis, diuitibus cum egenis, uniformae caritatis impendebatur documentum. Ibid.* Ainſy, le nombre s'en augmentant, on augmenta auſſi leur première fondation par de nouvelles donations receues & ſignées par les abbés de la part des religieux, & par les maiſtres de la part des clercs, ainſy qu'on voit dans quelques chartes ſur ce ſujet. Il y a meſme de l'apparence que la terre de la ferme qu'on nomme encore à préſent le Val-aux-Clercs leur appartenoit, & que c'eſtoit ce qui eſt appelé dans quelques tiltres *Grangia clericorum*.

De tous ces clercs, il y en a auſſi particulièrement 12 attachés au ſervice de l'égliſe pour y faire ce que faiſoient dans celle de Rome ceux de l'eſchole des chantres que S. Grégoire y avoit eſtablis, & dont l'office eſtoit (comme l'a remarqué un ſavant évéſque d'Orviete ſur la vie de Léon 4 *ſtationes proceſſiones & feſta principalia ſequi. Pez. Urbenetanus epiſc. in ſchol. ad vitam Leon 4.*

               Office des 12 élèves.

C'eſt ainſy que nous voyons dans nos anciens rituels que nos clercs aſſiſtoient aux proceſſions & autres cérémonies des

<small>Semblable à celui des chantres de l'Eglife de Rome.</small> feftes folennelles. Comme, par exemple, à celle du Dimanche des Rameaux. *Cum abbas peruenit ad januas ecclefiæ, incipit magifter fcholarum cum duodecim clericis fuis veniens in ecclefiam, &c.*, où il eft à remarquer que ces clercs eftoient foubs la conduite de celuy qu'on appeloit *magifter fcolarum* ou *magifter fcolafticus*, de mefme que ceux de l'efchole de Rome, felon le mefme evefque d'Orviete, *Primicerium praefatum habebant.* C'eft pourquoy il eft appelé par les jurifconfultes & par Luitprand .L. 6. *de rebus per Europam geftis, Primecerius fcholæ cantorum,* qui eftoit apparemment ce qu'on appelle à préfent dans quelques églifes efcholatres, chancelier ou capifchole. *Capitalis fcholæ* ou *cuftos diuini officii,* comme l'explique Glaber. Et dans l'ancien rituel de l'Eglife de Rome ou *ordo Romanus, prior fcholae. Antiphonam ad Introitum incipit prior fcholae. C. de Proceffione ad Miffam.* Et cette dignité eftoit mefme en ufage dans les abbayes comme on voit dans le mefme livre *in ordine ad faciendum monachum. Prior fcholae ad nutum abbatis imponit antiphonam.* Il y avoit encor à Rome de ces efcholes de chantres en l'an 1232 comme on voit dans le cardinal Rofponi. T. 2. C. 4. *De bafilica Lateranenfi,* où il rapporte un traité par lequel ceux de cette églife cèdent un certain bien à celuy qu'il appelle *primicerius* & à 10 chantres pour affifter à l'office & à la proceffion de la S. Jean-Baptifte.

Comme les maiftres d'efcholes eftoient pour faire apprendre particulièrement le chant, qui eftoit alors fort difficife, il eſt arrivé qu'eſtant-devenu depuis plus aiſé, ces eſcholes ont eſté ou eſteintes ou deſtinées pour inſtruire les enfans dans les lettres, mais que cependant la direction en eſt demeurée aux chantres des Egliſes dont elles dépendoient, comme à ceux qui en avoient eu autres fois la principale intendance. C'eſt ce qu'on voit encore à S. Denis en France & ailleurs, & meſme à Paris, comme on peut remarquer par ce qui ſe lit dans un ancien livre de ceſte égliſe appelé *Liber Cantoris* en ces termes : *Scholarum grammaticarum villæ & banleucæ pariſienſis collatio, inſtitutio, deſtitutio, viſitatio, ac omnimoda diſpoſitio ſpectant ad Cantorem Pariſienſem ſolum & in ſolidum.*

<small>D'où vient que les chantres ont ordinairement la diſpoſition des petites eſcholes.</small>

On peut remarquer par ce que nous avons dit juſques à préſent la conformité des eſcholes de ce monaſtère avec celles des chantres des autres égliſes dont nous avons vu que les clercs qui y eſtoient élevez faiſoient l'office ſoubs la direction de celuy qu'on appeloit, ſelon la diverſité des lieux, *Capitalis ſcholae, Primarius ſcholae, Prior ſcholae, Magiſter ſcholaſticus,* etc.

<small>Conformité des eſcholes des clercs de Feſcamp avec celles des plus célèbres égliſes.</small>

Il auroit manqué quelque choſe à la beauté du chant eccléſiaſtique s'il n'y euſt pas eu des voix puériles pour le relever & le rendre plus agréable. C'eſt pourquoy le Concile de Bourges remarque que l'égliſe (en) a ſagement eſtabli l'uſage pour repréſenter les chœurs des anges dans le ciel, & afin qu'ils excitaſſent la dévotion des fidelles par la douceur de leur chant, & qu'ils rendiſſent Dieu plus favorable à leurs prières par l'innocence de leur vie. *Quoniam ſpiritus*

<small>Il y avoit auſſi des enfants dans celle de Feſcamp ſelon l'ancien uſage de l'égliſe. Pourquoi eſtablis.</small>

per os David cecinit : Ex ore infantium & lactantium perfecisti laudem, etc. *Et christus voluit venire ad se parvulos. Et labia sancta exaudit Deus. Et illis cito annuit precibus quas lingua immaculata pronuntiat. Ideo Catholica ecclesia celestem & triumphantem imitata, choros angelorum referens recte & sancte pueros choristas in templis & ecclesyis constituit, qui assiduis cantibus chorum ecclesiæ excitent.* Tit. 14.

<small>Ils repréfentoient la mufique.</small>

Le mélange de ces petites voix avec les autres faifoit un effet prefque femblable à celuy de la mufique. En effet, on diroit que Fortunat décrit un concert compofé de diverfes parties de voix & d'inftruments quand il repréfente la manière dont le clergé de Paris chantoit l'office foubz S. Firmain, évefque de cefte eglife. Cependant ce n'eftoit rien autre chofe qu'un affemblage de voix de divers âges qui chantoient feulement à l'uniffon ou à l'octave.

> *Hinc puer exiguis attemperat organa cannis.*
>   *Inde senex largam recitat ab ore tubam*
> *Cymbalicæ voces calamis miscentur acutis.*
>   *Disparibusque tropis fistula dulce sonat.*
> *Tympanum rauca senum puerilis tibia mulcet*
>   *Atque hominum reparant verba canora lyram.*
>   Fortunat. l. 2. Carm. 10.

<small>Leur office dans l'efglife grecque, latine.</small>

L'ufage en eft fort ancien. Balfamon fe plaint qu'on a introduit des Eunuques à leur place dans l'églife grecque. Saint Jérofme inftruifant ceux de l'églife latine à l'occa-

sion de ce passage de saint Paul, Ephs. C. 5. *Cantantes &
psallentes in cordibus vestris Domino. Audiam hoc adolescentuli*, dit-il, *quibus psallendi in ecclesia officium est. Deo
non voce sed corde cantandum : nec in tragœdorum morem guttur & fauces dulci medicamine colliniendas, in ecclesia theatralis moduli audiantur & cantica.*

Victor d'Utique, décrivant la persécution de l'église
d'Afrique soubs Hunéric, met au nombre de ceux qui y
souffrirent le martyre *duodecim infantulos strenuos &
aptos modulis cantilenæ quos nunc Carthago miro colit
affectu & quasi duodecim apostolorum chorum conspicit
puerorum. L. 5.* Et dans celle d'Afrique, Victor Vitensis juxta recentiorem editionem.

Le martyrologe romain, le 13 de juillet, en fait mention.
Celuy cy porte *Lectores infantulos*. Sur quoy Baronius remarque que c'estoit une ancienne coutume dans l'église.
Ut pueri canendi imbuerentur disciplinis. C'est pourquoy
le livre appellé *Ordo Romanus* leur donne aussi leur rang
parmy les chantres dans les cérémonies. *Statuuntur per
ordinem acies duæ & paraphonistæ quatuor a foris hinc
inde. Sed & infantes infra per ordinem ex utroque latere.* Dans celle de Rome.

C'est ainsy que nous voions aussi dans nos anciens rituels
de ces sortes d'enfants tenir leur partie avec les clercs dont
nous avons parlé cy-dessus, lorsqu'il y avoit quelque chose
à chanter avec quelque solennité extraordinaire, comme
dans la procession du Dimanche des Rameaux. *Accedent
pueri cum magistris suis ad medium coronae facientes
unam lineam. Cantantes antiphonam : Dignus es. Respon-* Dans celle de Fescamp.

deat cantor. *Vir fum. Magnus es tu. Cantore incipiente gloria laus, pueri cum clericis.* V. *Ifrael es tu, cantabunt.*

C'eſtoit un de ces enfans qui chantoit ſeul le Graduel du mercredy de la ſemaine ſainte qui commence : *Non avertas faciem tuam a puero tuo.* Ce qui ſe faiſoit encor par un enfant de chœur du temps des anciens, en 1636

<small>Leur conformité auec ceux de Cluny, Cantoibeıi, etc.</small> Ces enfans avoient beaucoup de choſes ſemblables à ceux de Cluny & de Cantorbéri comme on peut voir en comparant nos anciens rituels avec ce que Uldaricus eſcrit des premiers dans les anciennes coutumes de ſon monaſtère, & S. Lanfranc des ſecondes, dans le rituel qu'il dit avoir tiré de l'uſage des monaſtères. *Quæ erant majoris authoritatis* en y changeant ſeulement quelque choſe pour l'accomoder aux cérémonies de ſon Egliſe primatiale *propter primatialem sedem.* Ce qui marque la conformité des enfans de ce monaſtère avec ceux de cette première cathédrale d'Angleterre & de la célèbre abbaye de Cluny dont les enfans de chœur, comme on les appelle à preſent, eſtoient eſlevez avec tant de ſoin qu'Udelric dit : *Difficile fieri poſſe ut ullus regis filius majore diligentia nutriatur in palatio, quam puer quilibet minimus in Cluniaco. Conſuetudin. Cluniacens.* C. 9. L. 3.

<small>Orgues de Feſcamp des plus anciens. Les premiers orgues quand apporter en France.</small> Comme les orgues ont beaucoup de rapport à la muſique, & qu'ils ne contribuent pas peu à rendre l'office divin plus auguſte, on fut ſoigneux d'en avoir auſſi dans ce monaſtère des premiers & lorſqu'on n'en avoit point encor vu en France (au moins dont on ait des témoignages dans l'hiſ-

toire) que ceux que l'empereur Conſtantin avoit envoiez au Roy Pepin pour lors à Compiegne en l'an 757, comme rapporte Eginhard, mais qui furent apparemment tranſportez à Aix-la-Chapelle où Walfride les met entre les autres ornements de ceſte égliſe en ces vers : *Transportez à Aix la Chapelle.*

> *En queis præcipue jactabat Græcia ſeſe*
> *Organa rex Magnus non inter maxima ponit.*
> *De apparatu templi Aquiſgranenſis.*

Le Religieux qui a eſcrit la vie de Charlemagne dit que *inter alia reipublicæ damna periit illud organum.* L. 2. *De Vita Caroli magni.* C. 10. *Quils furent ruinés avec la ville et l'eſgliſe.*

Baldric, évêſque de Dol, homme ſçavant & qui avoit beaucoup vu, parle de celuy de Feſcamp comme d'une choſe rare & comme s'il n'en euſt point encor vû ailleurs. *Ibi ſiquidem,* dit-il, *inſtrumentum vidi muſicum, fiſtulis æneis compactum, quod follibus excitum fabrilibus suam reddebat melodiam... Organa illud vocant, certisque temporibus excitant. Non tamen ignoro quia ſunt nonnulli qui tale quid non habentes in ſua eccleſya, eos qui habent dilapidant murmurando. Quos nos obloquentes & detrahentes audemus nuncupare, qui, quid organa nobis innuant, neſcimus exponere. Epiſt. ad. Fiscannenſes.* *Ceux de Feſcamp, les premiers après ceux-là.*

C'eſtoit environ l'an 1107 que cet éveſque eſtoit venu à Feſcamp plus de 160 ans avant la mort de S. Thomas au temps duquel Navarre & d'autres diſent que les orgues n'eſtoient point encor en uſage.

Voilà l'eſtat de ce qu'on appelloit en ce temps là la muſique depuis ſon premier eſtabliſſement dans ce monaſtère juſques à l'abbé d'Etouteville, dans lequel on a pu remarquer tout ce qu'on a vû de plus illuſtre dans les égliſes les plus célèbres. On y a pu voir 12 prébendez, 12 clercs, des enfans & des orgues eſtablis dès le commencement de l'abbaye, d'où l'on peut tirer des concluſions avantageuſes pour l'entretien de la muſique. C'eſt ce qn'on verra encor mieux par les remarques qu'on peut faire ſur le ſecond eſtat dans lequel on la peut conſidérer depuis ſon augmentation par l'abbé d'Etouteville.

Remarques sur le second Etat de la musique depuis l'abbé d'Etouteville jusques à l'établissement de la Congrégation dans ce monastère.

Eſtode d'Etouteville, 33ᵉ abbé qui commença de l'eſtre en l'année 1390 voiantque la muſique s'eſtoit beaucoup perfectionnée depuis Guy d'Areze & qu'elle commençoit à s'eſtablir dans quelques égliſes, fut des premiers à l'eſtablir dans la ſienne, environ au meſme temps qu'elle le fut dans celle de Rouen où elle n'eſtoit point encor en l'an 1400. La muſique à pluſieurs parties eſtablie par l'abbé d'Etouteville.

On ſçait que les muſiciens ont été mis dans la pluſpart des égliſes à la place des chapelains & prébendez ſur le fond & ſur les tiltres des quels ils ſont ordinairement gagez, comme il ſeroit aiſé de le prouver par induction. Il ſuffit d'en voir ſeulement l'exemple dans la cathédrale de Rouen. Il y avoit auparavant la muſique des enfans comme nous avons vu qu'il y en avoit icy & ailleurs pour chanter avec le clergé. Mais depuis qu'elle y fut eſtablie on en augmenta le nombre de quelques uns, qu'on ſubſtitua à la place de quelques chapelains du collège de Darnétal en l'an 1413. Les muſiciens eſtablis dans les cathédrales au lieu des chapelains et prébendez. Exemple de celle de Rouen.

Le cardinal d'Etouteville fit avoir une penſion ſur la cure de ſaint Maclou en 1471 pour en fonder encor deux. Enfin Charles Iᵉʳ cardinal de Bourbon, y en adjouſta encor quatre ayant cédé pour cela les dixmes des eſſars de la foret de Lyons.

Les autres muſiciens furent eſtablis de meſme à la place des chapellains & collèges dépendant de cette égliſe, à meſure qu'il en vaſquoit. Georges d'Amboiſe ſecond du nom prédéceſſeur du cardinal de Bourbon laiſſa encor pour ce ſujet la nomination des places du collège du ſaint Eſprit à Meſſieurs du chapitre, avec celles des quatre petits prébendez.

<small>L'abbé d'Etouteville en eſtablit de meſme au lieu des clercs et prébendez.</small>

C'eſt ainſy qu'en uſa l'abbé d'Etouteville pour Feſcamp y ayant eſtabli des muſiciens & des enfans de chœur à la place des clercs & des prébendez, & fait encor de nouvelles acquiſitions pour leur entretien. *Pro quorum victu & veſtitu ſufficientes reditus acquiſivit.* Et il y a bien de l'apparence que ce ne fut pas ſeulement par un détachement du bien de ce monaſtère qu'il appliqua à cette dépenſe, comme on a fait pour la pluſpart des autres charges du monaſtère, mais que ce fut de ſon bien propre dont il avoit permiſſion du Pape de diſpoſer, comme on peut voir par ſon teſtament par

<small>Acquiert un nouveau fond pour cela de ſon propre bien appartenant.</small>

le quel il donna pour achever le Collège de Lyſieux à Paris les biens *de quibus authoritate apoſtolica diſponere illi conceſſum erat.* C'eſt ainſy que nous voions dans un ms. appellé *Liber Cantoris,* qu'Henry de Sully cinquieſme abbé proche parent de Henry ſecond Roy d'Angleterre *Ex proprio ſumptu acquiſivit manerium Graville ad ſuum & Regis Henrici anniverſarium.* Cela ne doit pas ſurprendre puiſqu'on trouve meſme des fondations ſemblables faites par des Religieux, de leurs biens paternels, comme celle de Robert de Grofnil facriftain qui fonde un obit pour luy & fon pere *de bonis paternis fibi relictis* environ l'an 1200. On en doit eftre encore moins furpris en la perfonne de cet abbé après la permiffion qu'Innocent 4 avoit accordée aux Religieux de Fefcamp de fucceder *ad bona ad quæ jus habuiffent in fæculo, præter fondalia* en l'an 1240.

Il n'eft pas aifé de fçavoir en quoy confiftoient les biens que cet abbé avoit acquis pour la mufique. On trouve encor un compte de Hilar. Maufil de la recepte des rentes appartenantes aux enfans de chœur en tant qu'il en tenoift audit lieu de Fefcamp, Sortquenville, etc. Ce compte eft rendu peu après la fondation des enfans de chœur. On peut juger qu'il y avoit un fond raifonnable pour cette dépenfe par un mémoire de mifes faites feulement pour leur veftiaire, en 1431, c'eft à dire environ trente ans après leur eftabliffement. On y voit qu'on leur fourniffoit des robbes avec fourrures, des chafperons, des collets, des houpelandes, des corfets, des chauffes, des fouliers, qu'ils avoient des habits pour tous les jours & d'autres pour les feftes etc. Qu'on entretenoit auffi leur maifon & le jardin de réparations etc. Il y a des mifes pour tous ces articles & autres en fort peu de temps. Dans une information faite par les commiffaires nommez par le Roy en 1470 fur ce que les religieux fe plaignoient que du temps du cardinal d'Angers, qu'on luy faifoit fon procez & que le temporel eftoit en la main du Roy, on leur avoit retranché une partie des

chofes néceffaires pour leur entretien & pour celuy de l'office divin, on voit par la dépofition du maiftre des enfans de chœur qu'il avoit pour leur nourriture & pour celle d'un valet ordonné par la fondation une fomme d'argent & que le couvent leur fourniffoit les veftements & que le tout enfemble pouvoit eftre eftimé à 230 liv. qui eftoit alors une fomme confidérable, & qui pouvoit fournir à une dépenfe que l'on ne pourroit pas entretenir à préfent pour mille écus. C'eft ce que l'on jugera aifément par l'application de quelques remarques que l'on peut faire dans la mefme information. En effect on y voit que la réédification de la chappelle de N. D. telle quelle eft qui couteroit bien maintenant 60,000 liv., n'y eft allouée qu'à 3,000 liv., que la dépenfe de l'homme nommé par le Roy pour eftre nourri, veftu, & entretenu au fraiz de l'abbaye n'y eft eftimée qu'à 12 liv. & que les baronnies de Fefcamp, de Vitefleu & d'Heudebouville qui faifoient en ce temps là le partage des Religieux ne fe montoient toutes enfemble par les baulx produits qu'à 110 liv., ce qui peut valoir à préfent plus de 70,000 liv. On peut voir par ce rapport la valeur des 230 liv. attribuées pour la dépenfe des enfans de chœur. Et cela dans un temps où les Religieux fe plaignoient qu'ils feroient obligez d'abandonner le fervice divin parce qu'on leur retranchoit les fommes néceffaires pour en faire les charges.

Les abbez commendataires ont continué de fournir ce qui eftoit néceffaire pour l'entretien des enfans de chœur & ont mefme donné 200 liv. d'augmentation pour leur veftiaire & pour leurs uftenfiles, comme il eft porté dans les feuilles, c'eft à dire dans l'eftat de ce qu'ils doivent fournir pour acquitter les charges de l'abbaye. Et comme ils eftoient chargez de celle de la mufique qui, outre les efpeces qu'ils donnoient pour cela, & qui peuvent monter à près de 3.000 liv., ils donnoient encor ordinairement les offices de chœur à des muficiens pour en augmenter le nombre. Ces clercs qu'on appelloit auffi ferviteurs d'églife avoient leur récompenfe en efpèces comme les autres.

Les Religieux contribuoient auffi de leur cofté à fournir la mufique, les uns chantant, les autres jouant des inftruments. Le cardinal de Lorraine eftant abbé en avoit fait mefme une ordonnance ; un des ftatuts qu'il avoit faits pour le règlement des Religieux portant que ceux d'entreux qui avoient de la voix iroient tous les jours à la maiftrife pour y apprendre la mufique. C'eft ce qui s'eftoit toujours pratiqué depuis ce temps là ; & lorfqu'on introduifit la Congrégaôn dans ce monaftère, fix des novices apprenoient encor à chanter la mufique & à jouer de la viole par deux habiles maiftres que Mons. de Fontaines, Grand Prieur, avoit amenez de Paris. Vne partie mefme des violes qui servent encor à préfent font celles de ces novices. Tout cela avoit donné quelque réputation à la mufique de Fefcamp tant pour les voix que pour les inftruments. Et c'eft l'eftat où elle eftoit quand on y eftablit la Réforme.

Remarques sur le troisième Etat de la musique depuis l'établissement de la Réforme jusques à présent.

Par le concordat fait avec Mons Labbé en 1649 pour l'eſtabliſſement de la Congrégation dans ce monaſtère, on s'oblige d'inſtituer quinze jeunes gentilſhommes à ſa nomination, ou bien de conſerver la muſique. On a choiſi ce dernier parti comme le plus avantageux & le moins à charge. Ce changement qui a reſtabli l'obſervance dans ce monaſtère y a affaibli la muſique; les anciens (1) qui en faiſoient une partie eſtant morts ou s'en eſtant retirez, & les enfans de chœur n'y eſtant plus attachez ny par gages ny par les petits offices de clercs qui ont eſté éteints, ayant eſté obligez de chercher parti ailleurs, cela ayant obligé Mons. de la Poterie, ancien maiſtre de la muſique à en porter ſes plaintes au R. P. Brachet, aſſiſtant qui avoit fait le Concordat, celuy cy luy répond qu'il avoit communiqué ſa lettre au R. P. Prieur qui luy avoit témoigné le déplaiſir qu'il avoit que la muſique n'eſtoit pas entretenue comme il

---

(1) Il y en avoit ſept qui chantoient à la muſique au temps de l'introduction, ſans y comprendre les novices & leurs maiſtres.

feroit néceffaire, qu'il luy avoit promis d'en écrire au R. P. Prieur et qu'il croioit qu'il le feroit en telle forte qu'il en auroit la fatisfaction qu'il pouvoit fouhaiter. Et que luy eftant particulièrement obligé de procurer que les chofes fuffent effectuées ainfi qu'on l'avoit promis, il s'emploieroit volontiers à ce qu'on n'obmift rien des chofes qui feroient poffibles pour cela. C'eft la copie de la lettre du R. P. Brachet. Cela n'ayant pas eu grand effet, — la mufique eftant réduite à fix ou fept muficiens & quelques anciens Religieux dont le nombre diminuoit peu à peu, Meffieurs les anciens préfentèrent requefte au chapitre général pour demander que puifqu'on ne gageoit pas le nombre de muficiens néceffaires, on y fuppléaft au moins par les Religieux de nos confrères qui pouvoient fçavoir la mufique. La refponfe fut que n'eftant pas à propos pour des raifons que nos confrères chantaffent à la mufique, les fupérieurs auroient foin de gager autant de muficiens pour cela qu'il en feroit néceffaire. Le R. P. D. Placide Rouffel qui eftoit alors Prieur exécuta en partie cefte ordonnance ayant fait augmenter le nombre des chantres de quelques uns. Enfin, fur ce qui fut repréfenté à un chapitre général, le R. D. Jacques Remy eftant Prieur, que la mufique inftrumentale eftoit négligée, il y fut ordonné qu'on auroit foin d'avoir des inftruments, & d'apprendre aux enfans de chœur à en jouer. Tout cela fait voir que depuis l'introduction de la Congrégation dans ce monaftère, la mufique s'y eft affoiblie de temps en temps, mais que les fupérieurs majeurs dans les chapitres généraux ont eu foin de faire les règlements néceſſaires pour la relever & l'entretenir, & que quelques ſupérieurs particuliers y ont auſſi contribué de leur coſté pour ſatisfaire au Concordat qui y oblige. Il faut voir maintenant ce que l'on peut faire pour la mettre & l'entretenir en l'eſtat où elle devroit eſtre, à quoy s'en monteroit la dépenſe & ſur quel fond elle pourroit eſtre priſe.

La muſique eſt compoſée de hauts & bas deſſus, de haut contre, de haute & baſſe taille, de baſſe contre & de baſſe continue. Ce qui fait en tout ſept parties qui ſe diviſent en deux chœurs, avec ceſte différence que les voix du petit chœur doivent eſtre plus délicates & pouvoir chanter ſeules agréablement, & que celles du grand chœur doivent eſtre plus fortes & en plus grand nombre. L'on accompagne ordinairement ces parties de quelques inſtruments comme violes, violons, hautbois, cromornes & baſſons.

Les enfans de chœur rempliſſent le haut & bas deſſus. Il faudroit deux haut contres; l'un pour le petit chœur, l'autre pour le grand : quatre tailles, deux pour le petit chœur, & deux pour le grand ; parce que ceſte partie tenant le milieu entre les autres, elle doit eſtre plus fournie. Pour la baſſe contre qui n'eſt que pour le grand chœur, elle demande une voix ferme & un bon ſerpent au moins pour la ſoutenir.

La baſſe continue qui lie & ſoutient les autres parties doit eſtre jouée par une baſſe de viole ou de violon, à quoy l'on joint ordinairement un baſſon, ſans parler de l'orgue & du clavecin (etc.)

Pour les parties d'inſtruments afin de n'en pas multiplier la dépenſe, on pourroit les réduire à deux ou trois qui puſſent jouer du violon, du hautbois ou du cromorne & du baſſon, pour s'en ſervir ſelon le beſoin, & que les pièces de muſique le demanderoient; car il n'eſt pas toujours néceſſaire de les employer tous enſemble. Ainſi toutes les parties néceſſaires pour une muſique raiſonnable pourroient ſe monter à douze perſonnes (ſans y comprendre les enfans de chœur) ou du 'moins à dix ou onze.

Celles des autres abbayes ſont ordinairement plus nombreuſes & plus fournies. On dit que celle de St. Victor de Marſeille eſt compoſée de huit belles voix ſans les inſtruments dont elles ſont accompagnées à proportion. Celles des abbayes d'Italie, de Flandre & d'Allemagne ont encore plus grand nombre de chanteurs & de ſymphoniſtes ; & l'on a icy des livres de Meſſes & de veſpres imprimez dans l'abbaye de Campen pour l'uſage de la muſique de ceſte meſme abbaye, qui ont juſques à quatorze parties tant pour les voix que pour les inſtruments. Les veſpres ſont à 14 parties & les Meſſes à 16. Mais réduiſant celles de ce Monaſtère à 12 muſiciens avec les enfans de chœur, comme nous avons fait cydeſſus, voions juſques où en pourroit monter la dépenſe en mettant les choſes tout au plus haut.

Il ſemble que 1000 liv. pourroient ſuffire pour les enfans de chœur & pour leurs ſerviteurs.

Comme les voix du petit chœur & de la baffe contre du grand font plus rares & plus chères, on pourroit leur donner chacun 200, il faudroit ainfi pour ces quatre parties 800 liv.

Pour la haute contre, hautetaille, baffe taille & ferpent du grand chœur, à chacun 150. Ces quatre parties iroient à 600 liv.

Au joueur de baffe continue, de baffon, de violon & d'hautbois à chacun 80 liv. Les quatre feroient enfemble 320 liv. Ce qui fe monteroit en tout à 2720 liv. Et en déduifant les quatre parties qu'on a mife à 200 liv. chacune aux gages de la hautecontre du petit chœur qui fert préfentement, le tout reviendroit à 2640 liv.

On voit bien que l'on met icy les chofes au plus hault prix & que l'on pourroit avoir quelques unes de ces parties à meilleur marché. On n'a pas compris icy l'organifte dans les charges de la mufique parce que l'orgue ayant efté eftabli dans ce monaftère plus de 200 ans avant la mufique, il y avoit par conféquent un fond pour l'organifte diftingué de celuy des muficiens.

Il refte maintenant à fçavoir fur quoi l'on peut eftimer le fond néceffaire pour fatisfaire à cefte dépenfe, & s'il y en (a) un veritablement pour cela. Pour s'en affurer il ne faut que fe fouvenir de ce que nous avons dit cydeffus de l'eftabliffement de la mufique, & des conditions du Concordat auxquelles on s'eft obligé de l'entretenir en introduifant la Congrégation dans ce monaftère.

On a defjà remarqué qu'il y avoit des enfans, 12 prebendez, & 12 clercs entretenus anciennement dans ce monaftère, que l'abbé d'Etouteville avait changé ces clercs & ces prebendez en enfans de chœur & en muficiens, comme on faifoit en ce temps là dans la Cathédrale où l'on commençoit a introduire la mufique. Qu'il y avoit encore adjouté des revenus fuffifants. Qu'on trouve encore des comptes de quelques uns de ces biens, & des états de dépenfe pour les enfans de chœur prefqu'auffi anciens que leur eftabliffement. Que dans des informations faites prefque en mefme temps, on trouve que leur dépenfe pouvoit monter à 230 liv., fomme confidérable alors & qui pouvoit bien eftre égale à prefent à celle de 3000. Puifque la baronnie de Fefcamp qui n'eftoit baillée en ce temps là que 1600 liv. peut valoir maintenant environ 30000 liv. Que la réédification de la chapelle de N. D. qui coufteroit maintenant plus de 30000 liv. n'y eft eftimée que fur le pied de 3000 liv.. & que la dépenfe pour nourir, veftir & entretenir l'homme nommé par le Roy n'y eft comptée qu'à 12 liv. par an, auquel prix on auroit pu entretenir prez de 20 muficiens (19 1/6) pour les 230 deftinées alors pour leur dépenfe. On a vû de plus que les abbez commendataires avoient encore adjouté a tout cela dans la feuille des charges 200 liv. d'augmentation pour le veftiaire & uftenfiles des Enfans de chœur. On ne peut pas douter après tout cela qu'il n'y aift un fond pour fatisfaire aux charges de la mufique.

Que fi on fe renferme enfin dans les termes du concordat

de mefme par l'alternative que l'on a acceptée d'entretenir ou la mufique, ou quinze jeunes gentilfhommes, dont la dépenfe avec celle des maiftres, ferviteurs, etc., dépafferoit au moins de quatre à cinq mils livres puifqu'en comptant celle de chaque gentilhomme feulement à 300 liv., les 15 dépenferoient 4500 liv., au lieu qu'on ne compte icy celle des fix enfans & de douze muficiens qu'à 2720 liv.

FIN.

www.ingramcontent.com/pod-product-compliance
Lightning Source LLC
LaVergne TN
LVHW020046090426
835510LV00040B/1441